Marion Jana Goeritz

# Engelszwirn

Bibliografische Information der Deutschen Nationalbibliothek:

Die Deutsche Nationalbibliothek verzeichnet diese Publikation in der Deutschen Nationalbibliografie; detaillierte bibliografische Daten sind im Internet über http://dnb.dnb.de abrufbar.

© 2016 Marion Jana Goeritz

Coverbild: Marion Jana Goeritz

Herstellung und Verlag: BoD – Books on Demand, Norderstedt

**ISBN: 978-3-7431-1594-1**

Herzlich Willkommen liebe Leser,

in den folgenden Seiten werden sie viele Engel begrüßen.

Schon oft in meinem Leben halfen mir die Engelsenergien und ohne diese wunderschönen Energiewesen, könnte ich mir mein Leben auch nicht mehr vorstellen. Mein Glaube an sie, kam nicht einfach so über Nacht. Schon als Kind spürte ich Energien und fühlte mich durch die Geistige Welt beschützt.

Für mich ein Grund mehr, dieses Buch zu schreiben.

So denke ich, dass ein jeder Mensch, der an sie glaubt, diese durchaus anders wahrnehmen kann. Nimmt einer sie als Farbstrahl wahr, sieht ein anderer sie vielleicht als schöne Wesen mit bezaubernden Flügeln. Andere wieder können beide Energien sehen, auch fühlen. Doch wie wir sie auch wahrnehmen können, eines ist immer gleich. Brauchen wir ihre Unter-

stützung so helfen sie jedem von uns.
Zugegeben, manchmal vielleicht nicht so,
wie wir es uns wünschen, auch das habe
ich schon erfahren, aber ich glaube immer
so, das es für uns zum Besten ist.

Nun wünsche ich ihnen viel Freude beim
Lesen und Anschauen.

Herzlichst

Marion Jana Goeritz

Nachgehen einem Gefühl
neugierig doch leise klopft es an
nichts erwartend
jedoch hoffend
das es uns führen wird in Liebe
hindurch
durch eine Zeit der Veränderung
hinein
in ein neues Empfinden im Hier
Gefühle wachen auf
wie Eisperlen im Sonnenlicht
offen ist nun die Tür
durch welche wir gehen
dürfen staunen
so einst wie als Kinder
und wünschen uns
das es ewiglich so bliebe

Lieben wir
lieben wir einen Menschen
mit seinen Schwächen auch Fehlern
freuen uns
mit ihm Zeit zu verbringen
unsere Hände
halten sich in schönen Stunden
auch im Regen
schließen uns in die Arme
liebevoll
fühlen wir das Herz an Herz

Erzählst du deinen Traum
fühlst du dass er lebendiger wird
er beginnt zu Laufen
wie ein kleines Kind
und wird bunter
und bunter

Tanzen wir durch die Räume
lachend zur Musik
hältst du mich fest im Arm
schaust in meine Augen
und sprichst in diesem Augenblick
wie schön es ist
das es mich gibt

Bewahre das Licht der schönen Tage
lass es tief in der Seele wohnen
schenk ihm
immer wieder ein Lächeln
sollte
doch einmal ein Tag kommen
der es nicht so gut meint
so schau in deine Seele
und du darfst lächeln

Liegst du nachts wach
schau
in den funkelnden Sternenhimmel
zähle sie nicht
doch lass dich führen
zu dem einen Stern
der deiner Seele Geschichten erzählt
lausche
und schreibe sie dir ins Herz
denn er erzählt sie
nur für dich

Manchmal
ist es der Regen
der uns tanzen lässt
Tropfen für Tropfen
reist er vom Himmel
seine Botschaft
du bist nicht allein

Die Menschen sind komisch
die Schuhsohlen
soll man sich saubermachen
bevor man in ihr Haus kommt
doch
von unschönen Energien
trennen sich viele nicht

Wie schön

das du gern

der Musik lauschen möchtest

ich spiele so gern

wenn du magst auch für dich

mein Spiel

wird deine Sorgen entführen

die himmlischen Klänge

sorgen für Harmonie

Ein Kerzenlicht
macht einige Stunden
der Nacht hell
schenkt Zuversicht
lässt an das Gute glauben
die Seele hofft
und schenkt Kraft

und wieder halte ich

ein Herz in meinen Händen

schaue in die Welt

wo wird es vermisst

halte es warm und lieb

und bist du so weit

darf ich es zu dir senden

Manchmal
gibt es einen Tag
an dem man sich
Unterstützung wünscht
so suche in deinem Heim
einen schönen Ort für mich
entzünde das Licht
welches ich in meinen Händen halte
erzähle mir deine Gedanken
lass deinen Gefühlen freien Lauf
ich werde sehen
was ich für dich tun kann

Glaub mir
mein liebes Menschenkind
für mich bist du etwas Besonderes
deine Träume
auch deine Wünsche
ich habe sie alle gefühlt
und weiß
dass du nur das Beste verdienst
halte noch aus
höre auf deine Seele
sie wird durch mich geführt
und sie wird dich fühlen lassen
was für dich richtig ist

Begrüßen wir den Morgen

mit dem Blick zur Sonne

ihre wärmenden Strahlen

streicheln auch die Seele

das Gefühl kann helfen

wenn der Tag einmal

zu viel verlangt

Ist einmal der Glaube verschlossen
die Hoffnung
ergab sich den Zweifeln
halte inne
schau in das Licht das ich halte
atme ruhig ein und aus
lass die Gedanken ruhen
fühle
was dein Herz erzählt

Manchmal

erkennen wir uns nicht

die Liebe verschlossen

die Angst lebt

manchmal

erkennen wir uns doch

die Liebe lebt

weil die Angst verschlossen

dann erzählen

die Gefühle von Ewigkeit

Da kommt etwas
von weit her gereist
aus einem Land
dem seine Seele vertraut
ängstlich noch
schaut er sich diese Erde an
über die der Wind sein Lied singt
sein Herz
erblüht durch die Sonne über ihm
er fühlt Leichtigkeit
langsam aber sicher
geht er vorwärts
kein Blick zurück
seine Augen sehen so viel Schönes
seine Seele lacht
und die Tränen der Vergangenheit
brechen über ihn hinaus

und wenn die Sonne ihn begrüßt
seht er ihnen zu
wie sie im Nirgendwo entschwinden
aus dem Land
dem seine Seele so vertraut

Stille

so schritt sie leise über den Stein

kein Hindernis im Weg

nicht in ihre Gedanken

keines im Gefühl

ihre Augen sahen nicht viel

doch hörte sie ihre Seele erzählen

innehalten

sie fühlte eine Hoffnung in sich

welche sie begleitete

was war geblieben

von dem

was ihr einfach so begegnete

das sie

ohne jegliche Anstrengung erhielt

was war geblieben

von dem

was sie sich erkämpfen musste
so auf sich zurückgeworfen
in ihrem Gefühl
ihren Gedanken
war sie noch nie
darum folgte sie den Zeichen
ihrer Seele
und hielt inne

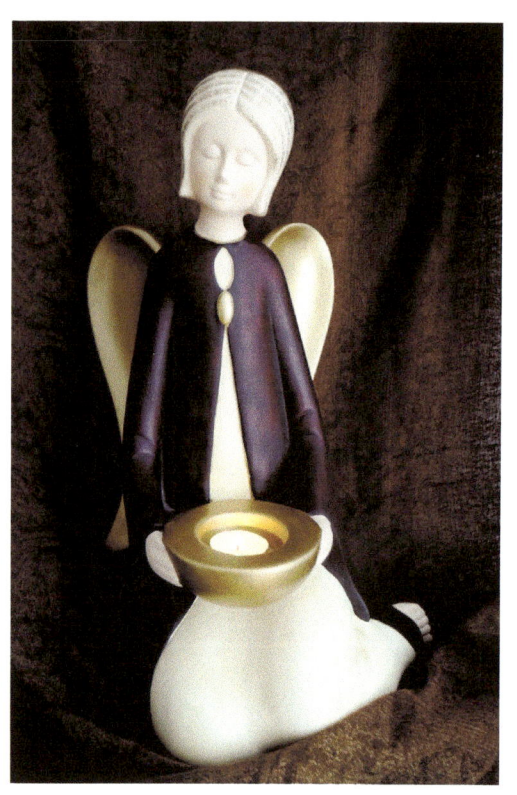

Manchmal

ist es das Lernen das müde macht

der Weg zum Neuen

das Alte hinter sich zu lassen

ihm keine Beachtung

mehr zu schenken

obwohl es so lange zu einem gehörte

und doch der Seele schmerzte

es gibt so viele Bücher

deren Seiten erzählen

so viele Gedanken

die sich im Kreise drehen

und manchmal

dreht man mit an diesem Rad

bis man fühlt

viel zu lang gedreht

zu viel gefühlt

das nicht glücklich macht
dann beginnt das Lernen
langsam
aber stetig
begreift man die Seele
nur noch das
was glücklich macht
ins Leben lassen
für einen selbst
und damit auch für die Welt

Du bist mir nicht
ohne Grund begegnet
schau nur meine Flügel
sie lassen mich
von Ort zu Ort fliegen
dabei ist es noch gar nicht lang her
da kroch ich noch am Boden
meine Angst in mir
fraß fast meine Seele auf
doch manchmal
fühlte ich in mir etwas das sagte
geh weiter habe Vertrauen
so klammerte ich mich
an dieses Gefühl
und es nahm seinen Lauf
es dauerte seine Zeit
doch als die Zeit gekommen war

da durfte ich fliegen
und sah die Welt anders

Von Marion Jana Goeritz ebenfalls beim Verlag BoD erschienen (BoD Books on Demand, Norderstedt, nähere Informationen finden Sie unter www.BoD.de)

„Liebe für die Seele Band 1"
ISBN 978-3-7357-4045-8

„Liebe für die Seele Band 2"
ISBN 978-3-7357-7734-8

„Seelenweiß"
ISBN 978-3-7347-5769-3

„Seelen essen Liebe gern"
ISBN 978-3-7347-8706-5

„SeelenEngel" ein spiritueller Erfahrungsbericht
ISBN 978-3-7386-2588-2

„SeelenSchlüssel"
ISBN 978-3-7386-3844-8


„Seelenfarben"
ISBN 978-3-7386-3947-6


„Seelenschimmer"
ISBN 978-3-7386-4014-4


„Seelenfinden"
ISBN 978-3-7386-4037-3


„Ein Gefühl meiner Seele"
ISBN 978-3-7386-1506-7


„Seelenfrieden." Danken. Bitten. Entspannung ein persönlicher Erfahrungsbericht
ISBN: 978-3-7386-4884-3

„Seelenweihnacht"
ISBN: 978-3-7386-5616-9

„Im Land unter dem Regenbogen" Wunderbare Märchen und unglaubliche Geschichten
ISBN: 978-3-7392-0115-3

„Freddy und seine Geschichten"
ISBN: 978-3-7386-3321-4

„SeelenWorte"
ISBN: 978-3-7392-0455-0

„Herzanker"
ISBN: 978-3-7392-3482-3

„Im Fluss der Liebe"
ISBN: 978-3-7392-3489-2

„Seelenklänge"
ISBN: 978-3-7392-3532-5

„Liebeslied"
ISBN: 978-3-7392-3548-6

„Wahre Traumtänzerin"
ISBN: 978-3-7392-3556-1

„Emilia Sommerfeld"
ISBN: 978-3-7392-3787-9

„Für mich war es Liebe"
ISBN: 978-3-8423-5362-6

„Kaleidoskop"
ISBN: 978-3-8423-5738-9

„Die verzauberte Wiese"
ISBN: 978-3-7412-0772-3

„Seelenbrücke"

ISBN: 978-3-7412-0890-4

„Wetterleuchten"

ISBN: 978-3-7412-2740-0

„Zentrifuge"

ISBN: 978-3-7412-4011-9

„Für Dich"

ISBN: 978-3-7412-4018-8

„Hannos Geschichten"

ISBN: 978-3-7412-9373-3

„Das Eulenherz"

ISBN: 978-3-7431-0009-1

„Eine Reise irgendwo hin"

ISBH: 978-3-7421-0042-8

„Ist das wirklich wahr?"
ISBN: 978-3-7431-1549-1

„Stille Momente"
ISBN: 978-3-7431-1586-6


Weitere Informationen zu Neuerscheinungen finden Sie immer auf meiner Seite www.buchkaleidoskop.Reikipraxis-Goeritz.de